Alexander Kisch

Papst Gregor des Neunten Anklageartikel gegen den Talmud

Alexander Kisch

Papst Gregor des Neunten Anklageartikel gegen den Talmud

ISBN/EAN: 9783743309159

Hergestellt in Europa, USA, Kanada, Australien, Japan

Cover: Foto ©Lupo / pixelio.de

Manufactured and distributed by brebook publishing software (www.brebook.com)

Alexander Kisch

Papst Gregor des Neunten Anklageartikel gegen den Talmud

Papst Gregor des Neunten

Anklageartikel gegen den Talmud

und

dessen Vertheidigung

durch

Rabbi Jechiel ben Josef und Rabbi Juda ben David

vor

Ludwig dem Heiligen in Paris.

Nach theilweise unedirtem, handschriftlichem Material
der Nationalbibliothek in Paris bearbeitet

von

Dr. phil. Alexander Kisch.

— Nur in sehr beschränkter Anzahl in den Buchhandel gebracht. —

Preis: 2 Mark D.-R.-W.

Leipzig.

Verlag von Oskar Leiner.

1874.

Seinem lieben Freunde und Schüler

Herrn Marc Baron von Günzburg

in

St. Petersburg

zur freundlichen Erinnerung

gewidmet

vom

Paris, April 1874

Verfasser.

ROBERT KAHN

I.
Der Papst Gregor IX verlangt die Untersuchung des Talmuds.

Das erstemal hatte ein Apostat, ein würdiges Vorbild der Pfefferkorne, die Inquisition auf die Achillesverse des Judenthums aufmerksam gemacht.

Wie einst Delilah vergeblich nach dem Mittel suchte, Simson zu schwächen und glaubte, ihn wie andere Starken der Erde mittels Fesseln und Banden seinen Feinden überliefern zu können, bis dieser ihr selbst das Geheimniß offenbarte, wo verborgen und für Andere unverständlich seine Stärke liege; so hatte die heilige Inquisition mit Feuer und Schwert, mit Schmerz und Qual die Ketzerei gar oft glücklich ausgerottet und an die Stelle des frischen Lebensgetümmels die Ruhe des Kirchhofs gesetzt. Gegen die gefangene, gefnechtete Tochter Juda's waren diese Mittel vergeblich. Da stand ein Jude, der erste Verräther dieser Art, auf und zeigte den Häschern die geheime Kraft des Talmuds, welch' zauberische Frische aus diesem Buche in alle Adern der Juden ströme, welch' geheime Stärke, welch' unbegreiflicher Trotz die Juden gegen den christlichen Bekehrungseifer schütze, so lange sie dies sonderbar universelle Buch zum Studium ihres Lebens, zum Orakel ihrer Weisheit machten.

Aber das Auge, das den Schleier dieses Buches nicht gelüftet hat, der Geist, der sich mit ihm nicht eingehend und fast ausschließlich beschäftigt hat, findet den Zauber nicht, versteht den Geist nicht und sieht darin nur eine Anhäufung von sinnlosen Verordnungen, kindischen Erzählungen und wahnwitzigen Mährchen. So ging es auch der Inquisition, so ging es dem Papste selbst, als der jüdische Apostat Nicolaus Donin aus Rochelle ¹) mit dem größten Eifer die Gemeingefährlichkeit dieses Werkes darstellte und seine Verbrennung und Ausrottung begehrte. Sie verlangten zu sehen, wo der Talmud, oder da dieser nur die Ausführung der Mischna sei, wo diese gleich dem anderen Götzendienste auch den Dienst des Christenthums verdamme. Und keine einzige solche Mischna wußte man aufzufinden, trotzdem doch zwei Jahrhunderte nach der Gründung des Christenthums sein Dienst in Palästina, seiner Geburtsstätte, nicht unbekannt sein konnte. Einzig und wahr beantwortet ein späterer christlicher Schriftsteller diese Frage:²) „Zuerst muß ich sagen, daß ich die Mühe, welche sich die heilige Inquisition gibt, um diese Bücher (den Talmud) zu vernichten, nicht verstehe . . . Woher kommt es nun, daß Juda keine Verordnung aufnahm, um die Juden vor dem christlichen Bilderdienste zu warnen, gegen welchen die Rabbinen der neuern Zeit so große Vorsichtsmaßregeln ergriffen haben, indem sie unter den Heiden seines Werkes die Christen suchten? Die Ursache dieser Verschiedenheit ist nur denen unklar, die sie nicht sehen wollen. Im alten Christenthume gab es weder Bilder in den Tempeln und auf den Altären, noch auch Statuen oder Kreuze auf den öffentlichen Straßen. Man kannte die zahllose Menge von Heiligen nicht, welche man späterhin anbetete; mit einem Worte man konnte die Christen mit den Heiden nicht eher verwechseln, als bis der dem heidnischen Cultus so ähnliche Gottesdienst bei den Christen eingeführt wurde." (Ed. A la Haye 1716 chez Henri Scheurleer III, 1ere partie pag. 234 e 235). Das was dieser sonst auch oft vorurtheilsvolle Schrift-

---

¹) Siehe weiter unten.
²) Basnage histoire des Juifs V.

steller sagt, hatte seine tiefe Wahrheit. Und daß es so war, ist für die Juden ein großes Glück geworden. Denn wenn schon die historischen Stellen, wo von Jesus natürlich nicht mit der göttlichen Verehrung christlicher Autoren gesprochen wird, eine lange Reihe von Leiden über die Juden brachten, obzwar das doch eigentlich von den Juden, die Christus gekreuzigt hatten, als Aufständigen gekreuzigt hatten, nicht anders erwartet werden konnte: was hätten die Vorschriften denselben erst für Leiden gebracht, die sich gegen sie ähnlich wie gegen den Heidencultus gewandt hätten. Daß der Papst selbst, wie wir in der Folge sehen werden, gar nicht so sehr von der Nothwendigkeit der Talmudverbrennung überzeugt war, und in seinen Staaten nichts für die Ausführung eines Vernichtungskrieges gegen dieses Werk that, hinderte natürlich nicht, daß in Frankreich en rachsüchtiger Apostat und ein fanatischer Priester „katholischer als der Papst", wie das Sprüchwort sagt, Scheiterhaufen für dies Werk errichteten und nur gar zu gerne dem hadrianischen Beispiele folgend, die Juden in ihre heiligen Bücher bei deren Verbrennung gehüllt hätten.

Die allgemeinen Umstände der Talmuddisputation und Talmudverbrennung sind bekannt und hinlänglich festgestellt, zuletzt in Frankels Monatsschrift 1869 von Lewin in einer Monographie, die nur leider zu wenig Originalquellen benutzen konnte, zusammenhängend mitgetheilt worden. In den Einzelnheiten hat die Kenntniß dieser wichtigen Materie durch Unkenntniß der vorzüglichsten und nöthigsten Details bedeutende Lücken. Die Anklageacte sind nirgends [1]) veröffentlicht, und die Antworten R. Jechiel's, der vor dem Könige den Talmud zu vertheidigen den Muth, theilweise die Pflicht hatte, sind von beiden Seiten tendenziös entstellt worden, so daß die katholische

---

[1]) Auch in Echard nicht, der die einzige christliche Originalquelle für die spätere Darstellung wurde.

Partei, wie wir weiter sehen werden, so weit geht, Jechiel (**Vivo**) selbst als Zeugen für die Anklagen anzuführen, während die Schüler Jechiel's in dem hebräischen Berichte dieser Disputation überzeugt sind, daß Donin den Kürzeren hat ziehen müssen, und Jechiel sich mit Ehre und Glanz aus dieser für das Judenthum so kritischen Angelegenheit gezogen hat.

Eine öffentliche Disputation, namentlich eine religiöse, hat wohl noch nie zur Ueberzeugung, wohl aber stets zur größeren Verbitterung beider Parteien geführt. Der Talmud diente nur den Juden, sie wollten mit ihm nie, am allerwenigsten zur Zeit dieser Disputation Proselyten machen, was kümmerte es also Andere, wenn Thorheiten darin enthalten wären. Solche waren es wahrlich nicht, die den Juden den Sinn für das mittelalterliche Christenthum verdunkelten; im Gegentheil hätte man ihnen auferlegen sollen, all' diese Fabeln und Allegorien buchstäblich zu glauben, dann wären sie vielleicht eher reif gewesen, das Christenthum des Mittelalters anzunehmen, daß zahllose unsinnige Heiligenlegenden zu Glaubensartikeln erhoben hatte. Die Thorheiten, der Unglaube — über die Reinheit des jüdischen Glaubens hatte ja die Inquisition nicht zu wachen — , die waren es nicht, welche den Grimm des heiligen Tribunals gegen dies Buch heraufbeschworen. Zuerst war es die Hoffnung, hier zu finden, was den Juden eine Schranke bildete, in das Christenthum, den angeblichen Weiterbau des Judenthums, einzutreten, und dann waren es die Blasphemien die ihnen Donin dort gegen Jesus und seine Mutter Maria zu zeigen glaubte. Der oben angeführte französische Schriftsteller sagt daher auch ganz offen und ehrlich (S. 193 ibid). „Ein einziges Buch hätte sie (die Angreifer) gelehrt, daß dies der Styl und der Genius der Orientalen ist, welche so in das Aeßerste fallen, indem sie zu harte Metaphern anwenden, und diese Figur fortwährend anwenden . . . . Die Juden haben es darin nicht anders gemacht als manche Evangelien, die Jesus das albernste Zeug andichteten."

Die Geschichte dieser ersten Talmudverbrennung, die, wie wir später sehen werden, von einem Papste nicht gebilligt, vom Könige und Erzbischofe bekämpft wurde, machte es nöthig, eine genaue Untersuchung oder doch eine ausführliche Anklage gegen dies Buch zu erheben und dieser Aufgabe unterzog sich der Hauptheßer in der ganzen Angelegenheit, der genannte Apostat Donin mit vielem, einer besseren Sache würdigen Eifer. Lewin hat Unrecht, wenn er aus dem Umstande, daß Donin die Abfassung des Talmuds irrthümlich vier Jahrhunderte vor sich stellt, die talmudische Gelehrsamkeit dieses Convertiten bezweifelt.[1]) Im Gegentheil zeigt unsere Hauptquelle ein 235 Blätter auf Pergament umfassendes MS., das in der Nationalbibliothek in Paris unter Lat. Nummer 16,558 aufbewahrt wird, daß Donin den ganzen, umfangreichen Talmud sorgfältig durchstudirt, und jede seinen Plänen dienende Stelle genau excerpirt hat. Doch ehe wir zur Schilderung dieses wichtigen Werkes gehen, wollen wir den ganzen offiziellen Briefwechsel in dieser Angelegenheit, wörtlich übersetzt, mittheilen und so den Leser genauer und objektiver in die historischen Thatsachen einführen, als wenn wir eine Erzählung zusammen conjecturiren wollten. Diese Schriftstücke sind um so mittheilenswerther, als sie in dem genannten MS. gleichzeitig niedergeschrieben, neben einander nur einmal mit Excerpten aus den übrigen Theilen der Handschrift bei Echard [2]) abgedruckt wurden, dieses Buch aber so selten geworden ist, daß in ganz Deutschland kein Exemplar existirt und das der Pariser Nationalbibliothek vielleicht das einzige noch vorhandene ist.

---

[1]) R. Jechiel begeht ja den noch größeren Irrthum sie 1600 Jahre vor seiner Zeit anzusetzen. Warum Lewin statt 16, 19 Jahrhunderte setzt, da die drei mir zugänglichen MS. 16 haben, weiß ich nicht.

[2]) Sancti Thomae summa suo auctori vindicata sive de V.F. Vincentii Bellovacensis scriptis dissertatio. auctore P. Jacobo Echard. Parisiis 1708.

I¹). **Brief des Papstes an die Könige von Frankreich, England, Portugal, Castilien und Leon.**

Bischof Gregor, Knecht der Knechte Gottes. Seinem theuersten Sohne dem berühmten Könige von Portugal (Frankreich ꝛc.) Gruß und apostolischen Segen. Wenn es wahr ist, was man von den Juden im Königreiche Portugal (Frankreich ꝛc.) und anderen benachbarten Ländern behauptet, dann giebt es nichts Schlimmeres als Diese. Da man uns aber berichtet, daß dies vorzüglich die Ursache sei, welche die Juden in ihrer Verworfenheit befangen hält, so ermahnen wir Euer Majestät ernstlich und erinnern Sie, am ersten Samstag der nächsten Quadragesima, früh morgens, wenn die Juden in ihren Synagogen zusammengekommen, sämmtliche Bücher der Juden Deines Reiches, seien diese Dir selbst oder den getreuen Edelleuten desselben Königreiches unterthan, auf unseren Befehl wegnehmen, und zu unseren geliebten Söhnen den **Fratres Praedicatores** oder den Minoriten einsammeln zu lassen. Gegeben in Lateran am 20. Juni im 13. Jahre unseres Pontificats.

II. **Brief desselben an sämmtliche Erzbischöfe Frankreichs.**

Bischof Gregor, Knecht der Knechte Gottes, den ehrwürdigen Brüdern, den im Königreiche Frankreich eingesetzten Erzbischöfen, denen dieser Brief zukommt, Gruß und apostolischen

---

¹) Die Originale theilen wir als Anhang zu Ende dieser Arbeit mit. Dieser erste Brief findet sich MS. f. 233 bei Echard. S. 594. — Sie sind auch mitgetheilt in Quetif und Echards scriptores ordinis praedicatorum I p. 128 fg. Vergl. Graetz Geschichte der Juden VII p. 463 fg.

Segen. Wenn es wahr ist, was man von den Juden Frankreichs und denen anderer Provinzen behauptet, so giebt es keine hinlängliche und ihrer würdige Strafe; diese sind nämlich, wie wir vernommen, mit dem alten Gesetze, welches der Herr dem Moyses geschrieben übergeben hat, nicht zufrieden, ja legen es sogar bei Seite und behaupten, ein anderes Gesetz, das Talmud, d. i. Lehre (doctrina) genannt wird, habe der Herr herausgegeben und dem Moyses mündlich überliefert und lügen, dieses sei unversehrt ihrem Gedächtniß eingeprägt, so lange ungeschrieben aufbewahrt worden, bis Leute kamen, welche sie Weise oder Schreiber nennen, welche es, damit es nicht durch Vergessenheit aus dem menschlichen Gedächtnisse falle, niederschrieben, und dessen Umfang bei Weitem den der Bibel übertrifft. In diesem sind nun so viele Mißbräuche und Thorheiten enthalten, daß sie der Schamhaftigkeit der Berichterstatter und der Hörer zum Graus sind. Da dies nun die Ursache sein soll, welche die Juden vorzüglich in ihrem Unglauben verfangen hält; so hielten wir dafür, Euere Brüderlichkeit zu ermahnen und zu erinnern, indem wir es Euch durch ein apostolisches Schreiben auftragen, „am ersten Samstage der nächsten Quadragesima, früh morgens, wenn die Juden in ihren Synagogen zusammen kommen, sämmtliche Bücher der Juden Euerer Provinz auf meinen Befehl wegzunehmen und bei den **Fratres Praedicatores** oder Minoriten sorgfältig aufbewahren zu lassen, und hiezu, wenn es nöthig ist, die Hülfe des Arms der weltlichen Macht anzurufen. Indem ihr ebenso die Strafe der Excommunication über alle Euerer Autorität unterworfenen Kleriker oder Laien verhänget, welche durch Euch allgemein in den Kirchen oder speziell durch Euch aufgefordert, die jüdischen Bücher nicht ausliefern wollten, wenn sie solche haben sollten. Gegeben in Lateran am 9. Juni, im dreizehnten Jahre unseres Pontificats.[1]

---

[1] ibidem.

III. Brief desselben an die Oberen der Praedicatores und Minores in Paris.

Bischof Gregor, Knecht der Knechte der Knechte Gottes dem Bischof-Prior der Praedicatores und dem Minister der Minoriten Gruß und apostolischen Segen. Wenn es wahr ist, was von den Juden (:c. wie oben), so tragen wir Euerem Gehorsam durch apostolischen Befehl auf, daß Ihr alle Juden, die sich in den Königreichen Frankreich, England, Aragonien, Navarra, Castilien und Leon aufhalten, durch die weltliche Macht alle ihre Bücher ausliefern lasset, und jene, welche ihr wirklich solche Irrthümer enthaltend findet sollet, im Feuer verbrennen lasset; die sich dagegen sträuben aber unter apostolischem Befehle und geistlicher Censur zusammenberufet, und was Ihr dieser Angelegenheit thut mir getreu schreibet.... Gegeben im Lateran am 20. Juni im dreizehnten Jahre unseres Pontificats.[1])

Ueber dies trug der Papst in einem nicht mehr existirenden Briefe den Rectoren und dem Canzler Odo der pariser Universität auf, den Talmud zu untersuchen und nachzuforschen. Diese Briefe übersandte Gregor der IX. dem Bischofe von Paris durch den Apostaten Nicolaus selbst gleichzeitig mit einem Schreiben, in welchem er gewissenhafte Besorgung der Briefe von ihm verlangte, und einem Verzeichnisse von 35[2]) incriminirten Stellen des Talmuds, das Nicolaus verfaßt hatte.[3]) Bevor wir je-

---

[1]) ibid.

[2]) Mit der Anführung der 35 Artikel ist der bisher allgemein anerkannten Zahl 25, der Levin in der Anmerkung nur ein »Ducange 35 (!?)« entgegensetzt, endgültig begegnet.

[3]) Anno enim ab incarnatione domini MCCXXXVI circiter pater misericordiarum Judeum quendam nomine Nicolaum, dictum de Rupella vocavit ad fidem in Hebreo plurimum eruditum . . . Hic accessit ad sedem apostolicam et bonae memoriae Gregorio papae pontificatus ejus anno XII predictorum librorum (sc. Talmudis) nefandum detexit malitiam et quosdam specialiter expressit articulos super quibus ad reges Franciae Angliae et Hispaniae literas apostolicas imperavit etc. (Prologus zum zweiten Theile des Ms.).

doch zur Mittheilung dieser 35 Anklageartikel gehen, sei es uns gestattet, über unsere beiden Hauptquellen, das lateinisch geschriebene Mf. der pariser Nationalbibliothek **Extractiones de Talmut** und über den hebräischen Bericht eines Zeitgenossen über die Disputation Nicolaus' und Jechiel's, der sich in derselben Bibliothek unter MS. hebr. 712 findet, über deren Abfassungszeit und Verfasser einige Mittheilungen und Schlüsse zu machen. Denn erst wenn die Gleichzeitigkeit und Autorität dieser beiden Schriften nachgewiesen ist, haben sie das Recht als Originalquellen benutzt zu werden und ist es gestattet, historische Facta aus ihnen zu entwickeln.

II.
Die zwei handschriftlichen Quellen.

Donin hatte mit großem Eifer aus dem weiten Gebiete des selbst ohne Commentatoren vier dicke Bände umfassenden Talmuds [1] alle Stellen excerpirt und in's Lateinische übersetzt, die sich irgendwie für seinen Zweck, die Juden durch Verbrennung dieses Werkes zu schädigen, verwenden ließen. Die 35 päpstlichen Artikel mit ihrem reichen talmudischen Belegmaterial regten bei den christlichen Gelehrten die Lust an, den Talmud zu kennen, wie die öffentliche Discussion der Anklageartikel bei den Juden die Nothwendigkeit erwies, die lateinische Sprache und die Evangelienliteratur zu kennen. Dem Streben dieser beiden Richtungen verdanken wir die Entstehung der beiden Werke, deren handschriftliche Exemplare in der Nationalbibliothek von Paris das authentische Material zur Beurtheilung der damaligen Verhältnisse geben.

---

[1] Talmud enim quatuor habet volumina valde magna, vetus excedentia singula testamentum (Extr. d. T.) לפני ספר להביא יאמר (ויכח) ארבעה סדרים.

Das lateinische „Extractiones de Talmut" betitelte MS. wird seinen Schriftzügen nach von dem officiellen Katalog in das Ende des dreizehnten oder an den Anfang des vierzehnten Jahrhunderts gesetzt. Die Abfassungszeit läßt sich aus einer Stelle, wo von Odo, dem früheren pariser Universitätskanzler, späterem Legaten des Papstes im heiligen Lande, als noch lebend gesprochen wird [1]) annähernd bestimmen. Sie muß in die zweite Hälfte des dreizehnten Jahrhunderts fallen. Im ersten Theile giebt der Verfasser eine Isagogik in den Talmud und nach Messachtot und Perakim geordnete Auszüge aus demselben Talmud, die die incriminirte Sentenz dieses Buches beweisen sollen. Im zweiten Theile werden die, Streitfrage betreffenden Actenstücke und ein nach Stichworten (stultitiae, blasphemiae etc.) geordnetes Verzeichniß von Talmudstellen gegeben, welches das in den Anklageacten gegebene Material bei weitem an Fülle übertrifft. Zum Schluß ist ein alphabetisches Register der Tenaïm und Amoraïm gegeben. Raschi (**Magister Salomon Trecensis**) ist ebenfalls in das Verzeichniß der verdammungswürdigen Stellen einbezogen. Die Schrift ist, wie sie im Prologus zum zweiten Theile selbst ziemlich deutlich sagt, nach dem von Donin gelieferten und wohl auch öffentlich edirten Material bearbeitet. Der Verfasser oder doch der Schreiber hat kein Hebräisch verstanden und die zahlreichen hebräischen Worte aus der ihm vorliegenden Quelle (Donin) falsch abgeschrieben, in einer Weise, die deutlich zeigt, daß sie nur aus Mißverständniß der Buchstaben entstanden ist. Zu den historischen Theilen ist das Material aus offizieller Quelle geflossen, namentlich scheint Odo, nach seinen mitgetheilten Briefen zu schließen, dem Werke nicht fern gestanden zu haben.

Wie bereits oben bemerkt, hat Echard in dem citirten Buche einen Theil des MS. abgedruckt, und auf diese Weise ist

---

[1]) Cancellarium Parisiensem **nunc autem** Tusculanensem episcopum et apostolicae sedis legatum in terra sancta. (ibid.)

unser MS. aus secundärer Quelle, in **Acta Sanctorum, Ducange** u. s. w. benützt worden.

Unter der Capitelüberschrift Confessio facta in judicio enthält es die Antworten Jechiels, die auch aus christlicher Quelle kennen zu lernen, natürlich von Interesse ist. Wir werden sie, wie die 35 Artikel in den nächsten Capiteln anführen.

Das h e b r ä i s c h e MS. größten Theils unter dem Titel: ויכוח דרבי יחיאל bekannt, ist einmal nach einer der unseren nachstehenden straßburger Handschrift theilweise veröffentlicht worden.¹) Es existiren von diesem Werke so viel mir bekannt ist folgende MS.: 1. In der Nationalbibliothek unter lat: 16. 558, Das vollständigste und correcteste Exemplar. 2. In der Bibliothek zu Hamburg (früher Offenbach). 3. Ein von Wagenseil theilweise edirtes in der Straßburger Bibliothek, das wohl aber mit dieser im Jahre 1870 verbrannt ist. 4. Eine Handschrift in Oxford.

Daß diese Schrift nicht Jechiel zum Verfasser hat, ist nach der Art, wie darin von diesem Lehrer gesprochen wird, unzweifelhaft, aber bei der Wichtigkeit der Angelegenheit und der Uebereinstimmung im Wesentlichen mit dem anderen Berichte, ist nicht zu zweifeln, daß sie von einem Zeitgenossen oder Schüler Jechiels nach dessen genauen Mittheilungen gearbeitet ist. Wer ist nun dieser Verfasser? Wir glauben ihn gefunden zu haben.

Jechiel, wie Donin erhalten im ויכוח keine Attribute, die man den Todten in dem einen oder anderen Sinne beilegt. Nur nach dem Schlusse giebt der Schreiber in der pariser Handschrift (vom Kataloge in das Ende des 13. Jahrh. gesetzt) ein Nachwort und ein Gedicht, die von beiden Gegnern als von Verstorbenen sprechen.²) Da nun Jechiel, wie sein Grabmal

---

¹) Wagenseil: Tela ignea Satanae Altdorf 1681.

²) . . . בלו שאלות דונין . . . יבוא רקב בעצמיתיו ותחתיו ידעו האבלהו
לרבינו יחיאל בר יוסף יבוא שלום ינוח על משכבו ותהיה מנוחתו כבוד

in Kaifa beweist,¹) 1268 gestorben ist, so müssen wir die Abfassung um so mehr in die Zeit zwischen 1248 und 1268 setzen, als der Verfasser darüber klagt, daß man keine Bücher habe, den Talmud zu lehren. ²)

Nun bringt die Pariser und die Straßburger HS. den ויכוח als unmittelbare Fortsetzung des **Nizachon vetus** und die Hamburger nach Mittheilung desselben. Dieses Werk, das in der pariser Handschrift den Titel יוסף המקנא führt, ist von Josef ben Nathan wohl Official verfaßt. Ich glaube, daß Zunz diesem Werke ausdrücklich diesen Verfasser giebt, aber selbst, wenn ich mich hierin irren sollte, wird das Factum durch die Angaben festgestellt, daß es von Joseph ben Nathan und diesem seinem Vater um das Jahr 1260 ³) verfaßt sei, um welche Zeit Nathan Official blühte. Der im Werke angeführte Gelehrtenkreis paßt ebenfalls vollständig auf diese Voraussetzung. ⁴) Der Verfasser war nach Zunz aus Sens, und wie die Reihenfolge ההגמונים משנץ ומפריש anzudeuten scheint, paßt dies auch auf den Verfasser des ויכוח. Das Nizachon hat nach Zunz kein rechtes Ende. Das entscheidende Moment, welches uns bewegt, dem Wikuach Josef ben Nathan als Verfasser zu geben und es als Fortsetzung oder Anfang des Nizachon zu betrachten, ⁵) ist die Hervorhebung des Wortes נתן in dem Verse . . בהר חורב נתן רתו des Schlußgedichtes. Das ebenfalls durch Punctirung

---

¹) Histoire litéraire de la France t. XXI p. 506.
²) Ende der Einleitung: כי הנה טובים חללי הרב מהיושבים בלי תורה
³) Diese Verfasser-Namen sind im pariser MS. ausdrücklich genannt. Zunz setzt die Abfassung zwar 1240—1260, aber wie Levin in einer durch Setzers Tücke sehr verunstalteten Note zu dem oben genannten Aufsatz beweist, muß es nach Auswanderung Jechiel's nach Palästina (nach 1257 Zunz Ohe Itinerar. of. Benj. of Tudela by Asher tom II) geschrieben sein. (Vergl. dagegen Graetz Geschichte VI² S. 403 fg.)
⁴) Zunz zur Geschichte und Literatur I 86.
⁵) „Es ist der zweite Theil einer zum Glauben ermahnenden Schrift" Zunz a. a. O.

hervorgehobene Wort אסמכ betrachte ich als ein Anagramm für יוסף oder יסמכ, wie dieser Autor vielleicht mit seinem Vulgärnamen hieß. Wir glauben daher das Richtige getroffen zu haben, wenn wir R. Joseph ben R. Nathan Official als Verfasser des Wikuach ansehen.

Nach dem Schlusse ist in unserem MS. ein ganz merkwürdiges Exercitium des Schreibers gegeben. Es werden lateinische Stellen aus dem Evangelium mit hebräischen Lettern geschrieben und mit interlinearer Uebersetzung versehen, mitgetheilt. Ein Heft, das vielleicht für die damaligen Juden als lateinische Grammatik dienen sollte oder diente, da diese eingesehen hatten, wie nothwendig die Kenntniß der gegnerischen Schrift und Sprache sei.

III.
Die 35 Anklageartikel.

Die Artikel, auf deren Begründung aus dem Talmud wir bei Besprechung der Antworten Jechiels zurückkommen, lauten:
1) Die Juden glauben, daß der Talmud von Gott selbst gegeben,[1]

---

[1] Den ersten Artikel glauben wir als Probe mit sammt seiner Begründung wörtlich nach der HS. hierher setzen zu müssen. Die Artikel sind von ihrer Begründung durch Unterstreichung hervorgehoben worden. Vielleicht deutet dies auch an, daß nur die Artikel, nicht aber auch deren Begründung vom Papste eingeschickt wurde. Das Capitel ist überschrieben: De articlis literarum pape:

1°. Asserunt Judaci l e g e m q u a e T a l m u t dicitur, dom i n u m edidisse. In Sezermoced (l. Sedermohed) in massecta Sabatz in perec bama mallikim quod interpretatur »in quo illuminantes« dicitur sic: Miaudent (!) id est dicunt magistri: Accidit in quodam Goy, gentili, quod venit coram Samay dixitque ei quot leges vobis? Respondit duae, una in scripto, alia in ore et idem in eodem libro in massecta ioma, quod interpretatur »dies« in perec amar hem hamune quod interpreta-

14 Die Anklageartikel gegen den Talmud und ihre Vertheidigung

2) daß er nach dem Worte Gottes überliefert, [1])
3) und ihrem Sinne eingepflanzt sei. [2])
4) Dies Gesetz sei nun, ohne niedergeschrieben zu sein, so lange mündlich überliefert worden, bis die Weisen oder Schreiber kamen, die es niederschreiben ließen aus Furcht, es könnte sonst vergessen werden. [3])
5) Diese Weisen sollen größere Wichtigkeit haben als die Propheten, [4])
6) ja konnten sogar die Worte des geschriebenen Gesetzes aufheben, [5])
7) ihnen müsse man blindlings glauben, selbst wenn sie behaupteten, rechts sei links und links sei rechts. [6])
8) Wer ihre Worte nicht behalte, sei des Todes schuldig.[7])
9) Sie ziehen es daher vor mit den Kindern Talmud und nicht die Bibel zu lernen. [8])

tur» dixit eis balleum« dixit Rab affirmavit Abraham, pater noster, totam legem, sic scriptum est : qui audivit vocem meam et custodivit custodiam meam et consuetudines meas et leges meas et glossat: dicit Rab Asse : tenuit Abraham pater noster, quae non erant deinde per Moysen in Sina, sed per scribas instituendae. sic dictum est »leges meas«. duas leges, unam de verbis legis et unam de verbis scribarum. Item in Seder Jessuoth (Nesikim) in massecta senhedrim etiam est dictum : tota lex ex coelo excepta hoc cal vechomer, quod nos dicimus a majori vel minori vel ista gyeza sava (l. gezera sava) quod est decisio equalis id est locus a simili : hic est sermo domini contemptus q. d. ille est de quo scriptum est verbum domini contempsio et perceptionis fecit irritum idcirio delebitur etc.

1) De verbo domini dicunt traditum.
2) et insertam eorum mentibus mentiuntur.
3) Dicunt etiam eam tamdiu sine scriptis servatam, donec quidam venerunt, quos sapientes et scribas appellant, qui eam, ne per oblivionem a mentibus hominum labesceret, in scripturam, cuius volumen in immensum excedit textum bibliae, redigerunt.
4) in qua inter cetera inania continetur, quod quidam sapientes melius valent quam Prophetae.
5) Et verba legis scriptae destruere potuerunt.
6) Et crediderent eisdem, si sinistram dextram dicerent ut aequo dextram verterent in sinistram.
7) Morique debet, qui non servaverit, quae dixerunt.
8) Quae prohibent, ne infantes biblia utantur, quare non est modus

10) In ihren Erklärungen zur Schrift sagen sie, man solle den Besten unter den Christen umbringen.¹)
11) Ein Christ, der am Sabbath ruhe oder im Gesetze forsche, sei des Todes schuldig. ²)
12) Ohne Sünde könne man die Christen betrügen. ³)
13) Wer seinen Schwur nicht halten will, braucht Anfang des Jahres nur einfach zu erklären, daß seine Schwüre nicht gelten.⁴)
14) Daher können irgendwelche drei Juden Jedweden von seinem Eide lossprechen. ⁵)
15) Der Herr selbst, behaupten sie im Talmud, habe gesündigt.⁶)
16) Habe einen in Zorn geleisteten Eid bereut. ⁷)
17) Habe sich deshalb geflucht und Entbindung vom Eide verlangt. ⁸)
18) Jede Nacht fluche er sich, weil er Jerusalem zerstört und Israel ins Exil geschickt habe. ⁹)
19) Er habe Abraham die Unwahrheit gesagt. ¹⁰)

---

ut dicunt, discendum eam, sed doctrinam talmud preferentes, quidam ediderunt pro sua voluntate mandata.

¹) In quibus, quae pro lege, dixerunt optimum Christianorum occide.

²) Et Christianus quiescens vel studens in lege poenae mortis subdatur.

³) Et Christianorum quilibet arte qualibet vel ingenio potest decipi sine peccato.

⁴) Et quicunque juramento aliquo vult non teneri in anni pricipio protestatur, quod vota et juramenta ejus von valeant, quae faciet illo anno.

⁵) Tres quare Judaei, quicunque sint, possunt absolvere quemcunque ab omni juramento.

⁶) Asserunt etiam dominum peccasse.

⁷) et poenituisse juramentum quod fecit in ira.

⁸) et sibi maledixisse, quia juravit, et absolutionem exinde postulasse.

⁹) Et singulis noctibus se maledicere, quia diuisit templum et sublidit Israel servituti.

¹⁰) Item dicunt eum Abrahae fuisse mentitum.

20) Dem Propheten Samuel habe er aufgetragen zu lügen. ¹)
21) Nach Verlassung des Tempels habe er sich vier Ellen Raum bewahrt, wo er das Gesetz studire. ²)
22) Täglich studire er im Talmud und ertheile Kindern, die ohne ihn zu kennen, gestorben seien, Unterricht darin. ³)
23) Er ermahne sich selbst zum Mitleid für die Juden. ⁴)
24) Ja Gott gebe selbst zu, von den Juden in der Kenntniß des Talmuds besiegt worden zu sein. ⁵)
25) Dreimal täglich weine er. ⁶)
26) Auch von Jesus scheuen sie sich nicht, in mißachtender Weise zu sprechen und seine Mutter zu beschimpfen. ⁷)
27) Jesus habe auch in der Hölle harte Strafen zu ertragen, weil er die Worte der Weisen verlacht habe. ⁸)
28) Ueberdies verbieten sie unanständige Reden zu gebrauchen, es sei denn gegen die Christenheit. ⁹)
29) Sie gebrauchen vom Papste und den Christen unehrerbietige Ausdrücke. ¹⁰)
30) Täglich beten sie dreimal gegen die Kirche und selbst gegen abtrünnige Juden. ¹¹)

---

¹) Et Samueli prophetae mandasse metiri.

²) Et postquam templum deseruit, ad mensuram quatuor brachium certus sibi locus remansit, ubi studet in praefata doctrina.

³) Et quotidie exercet studium docendo pueros, qui decederunt tali scientia non imbuti.

⁴) Rogat etiam supra se ipsum, ut Judaeorum debeat misereri.

⁵) Ac concedit se ab eis victum in disputatione sua supra eadem doctrina.

⁶) Et ter die quolibet lacrimatur.

⁷) De Christo etiam non verentur dicere, quod mater ejus de adulterio eum accepit ex quodam qui ab eis Pandera vulgariter appellatur.

⁸) Et quod idem Jesus in stercore calido patetur in inferno, quoniam irridebat verba sapientium praefatorum.

⁹) Ad hoc dicunt, quod quallibet verba polluta proferre peccatum est, exceptis quae in contemptum ecclesiae urgere dinoscuntur.

¹⁰) Et utuntur quibusdam vocabulis, quibus Romanum pontificem et Christianitatem dehonestant.

¹¹) In singulis diebus ter in oratione, quam digniorem asserunt,

31) Juden, behaupten sie ferner, können nicht länger in der Hölle bleiben als 12 Monate.¹)
32) Und wer im Talmud studire, werde des ewigen Lebens theilhaftig.²)
33) Wer faste, begehe eine Sünde.³)
34) Adam habe mit den wilden Thieren, Eva mit der Schlange Umgang gepflegt,⁴)
35) Cham habe sich unsittlich gegen den eigenen Vater betragen.⁵)

Die ersten neun Punkte umfassen die angeblichen Irrthümer (errores), die folgenden vier die Beschimpfung und Unehrlichkeit gegen die Menschen (Blasphemiae in homines), hierauf folgen eilf, welche Beschimpfungen Gottes (Blasphemiae in deum) und andere fünf, welche Beschimpfungen gegen Jesus und seine Mutter (blasphemiae in Jesum atque ejus matrem) enthalten sollen. Die letzten Punkte klagen den Talmud der Thorheit (stultitiae) an.

Ist es heutzutage erst nöthig, all diese Anklagen, die theilweise der lügnerischen Rachsucht des Apostaten zur Last fallen, auch nur ein Wort der Vertheidigung zu sagen? Sind die „thörichten Fabeln" nicht als schöne Allegorien, und sinnreiche Parabeln gekannt und beliebt, haben nicht viele⁶) in das berühmte Mährchenbuch „1001 Nacht" Aufnahme gefunden, und gelten mit diesem Buche für mustergiltige, unerreichte Vorbilder der Mährchenliteratur?

---

ministris ecclesiae, regibus et aliis hominibus, ipsis Judaeis inimicantibus maledicunt.

¹) Continetur etiam in doctrina praefata, quod Judaei ultra XII menses poenam inferni minime patientur nec ulterius potest eis poena gehinalis nocere.

²) Ac securus est in futuro, qui in doctrina praefata studuerit.

³) Et omnes jejunantes reputant peccatores.

⁴) Dicunt Adam cum omnibus brutis et serpentem cum Eva coiisse.

⁵) Et Cham Noë patre fuisse abusum.

⁶) Vgl. Perles und Bacher's Arbeiten in Frankel's Monatsschrift 1871, 72, 73.

18 Die Anklageartikel gegen den Talmud und ihre Vertheidigung

Die Blasphemien gegen Jesus, von dem die Juden natürlich nicht mit denselben Worten sprechen konnten, wie Kreuzfahrer, und die Donin tendenziös entstellt hat, indem er zwar die richtigen Stellen citirte, aber giftig falsch übersetzte, diese im Talmud zerstreuten Nachrichten über die Verurtheilung Jesu's, sie werden heute von christlichen Geschichtsforschern mit Lichtern gesucht, und manche durch die Evangelien verdunkelte Stelle im Leben und Wirken Jesus läßt sich nur mit Hilfe dieser Stellen, die die Censur auch später aus dem Talmud strich, aufklären.

Die Blasphemien gegen Gott? Wahrlich, es klingt fast komisch, mittelalterliche Christen, die in der Verkörperung und Vermenschlichung Gottes weit über das von Römern und Griechen Geleistete hinausgingen, zu Gerichte sitzen zu sehen über die Juden, die nie, nie während der zweitausendjährigen Zerstreuung und Bedrückung bei einem körperlichen Gotte Hülfe gesucht hatten. Und selbst wenn es nicht nur Allegorie wäre, wenn der jüdische Gott wirklich dreimal täglich über die Leiden seines Volkes weinte; was that nicht Alles der christliche Gott des katholischen Mittelalters, wogegen dies Weinen ein reines Kinderspiel ist!

Daß unter Goy, das Donin jesuitisch „Christen" übersetzte, nicht diese, sondern die heidnischen Ureinwohner Kanaans gemeint seien, das erklärten die Juden, und diese mußten doch für ihre Gesetzesnormen Autorität sein!

Aber war es denn um Wahrheit zu thun? Kein Vorwand war zu unnatürlich, keine Verläumdung zu albern, um nicht zu dem Schlusse zu führen „der Jude muß verbrannt werden."

IV.
Der König ordnet eine öffentliche Disputation an. Jechiel und Nicolaus.

Während die Juden nichts Schlimmes ahnend, Sabbath März 1240 in der Synagoge versammelt waren, brachen die Häscher in die Häuser, um ihnen ihre geliebten Bücher, für die sie lebten und starben, hinwegzuführen. Warum verbrannte man nun die Bücher nicht einfach ohne Weiteres? Warum begnügte man sich nicht mit einem Scheinverfahren, wie das sonst gegen die Juden üblich war? Warum machte man mit ihren Büchern mehr Umstände als mit ihrem Leben?

Wir wissen nicht, war es eine gute Regung bei diesem so judenfeindlichen Könige, der ihnen wohl ihre Güter einfach zum eigenen Vortheil confisciren ließ, ihre Bücher aber nicht so hoch anschlug; war es das Vergnügen, das eine solche öffentliche, einem geistigen Turnier nicht unähnliche Disputation gewährte; kurz, nachdem eine aus den Bischöfen von Sens und Senlis, und Odo oder Hugo von Chateauroux zusammengesetzte Commission den Talmud geprüft haben wollte, in der That aber nur die Anklagen des Renegaten Nicolaus gehört hatte,[1]) beraumte der König auf Montag den 25. Juni 1240 eine öffentliche Disputation zwischen den Rabbinen und Geistlichen über die 35 Anklagepunkte gegen den Talmud an. Die Königin, die damals hochschwanger[2]) war, scheint ein besonderes Interesse an dem Streite genommen zu haben, vielleicht hatte sie ihr Zustand milder gestimmt, vielleicht aber war es auch nur der galante Antheil, den Damen an Kämpfen und Turnieren zu nehmen pflegten. Ludwig der Heilige fand den Handel nicht so ganz nach

---

[1]) Denn das beweist ihr Stillschweigen während der Diskussion.
[2]) Am 11. Juli 1240 wurde die Prinzessin Blanka geboren.

seinem Geschmacke, Juden ihr Geld abnehmen, sie „mit Rücksicht auf die ihm geleisteten zahlreichen Dienste" nur eines großen Theiles ihres Vermögens berauben,[1]) das waren die Wohlthaten, die er für dieses Volk zu vergeben hatte. Und was die Art mit Juden über Religionssachen zu streiten betrifft, so äußerte er sich einst zum Herrn von Joinville dahin, daß es für einen Laien nur eine Art gebe, mit Juden über Religionssachen zu discutiren, nämlich ihnen so tief als möglich den Degen in den Leib zu stoßen.[2]) Das Streiten mit Worten müsse man den Gelehrten überlassen. Aber es scheint ein zum Amüsement des Königs und der Königin veranstalteter Sport gewesen zu sein, wie sich ihn ein ander mal, wir wissen nicht ob früher oder später, ein Edelmann im Kloster von Cluny ebenfalls gegönnt hat. Joinville[3]) hat hierüber vom Könige selbst ver-

---

[1]) Ordonnances du Roy I 82.

[2]) Jehan de Joinville, histoire de St. Louis c. X. Aussi vous disje, fit le Roy, que nul, s'il n'est très-bon clerc ne doit disputer avec eux (les juifs); mais un laïque, quand il entend médire de la loi chrétienne, ne doit pas défendre la loi chrétienne si non avec l'épée, dont il doit donner dans le ventre autant qu'elle y peut entrer; eine wohl selbst für einen katholischen Heiligen etwas kühne Moral.

[3]) ibidem. Il me conta qu'il y eut une grande conférence de clercs et de juifs au monastère de Cluny. Il y eut là un chevalier à qui l'abbé avait donné le pain en ce lieu pour l'amour de dieu et il demanda à l'abbé qu'il lui laissa dire la première parole et on le lui octroya avec peine. Et alors il se leva et s'appuya sur sa béquille et dit qu'on lui fit venir le plus grand clerc et le plus grand maître des Juifs et ainsi firent ils. Et il lui fit une demande qui fut telle. Maitre, fit le chevalier, je vous demande si vous croyez, que la Vierge Marie, qui porta Dieu en ses flancs et en ses bras ait enfanté vierge et qu'elle soit mère de Dieu. Et le Juif repondit que de tout cela il ne croyait rien. . . . Et vraiement, fit le chevalier, vous le payerez et allors il léva sa béquille et frappa le Juif près de l'oreille et le jetta par terre. Et les Jui se mirent en fuite et emportèrent leur maitre tout blessé et ainsi finit la conférence. Natürlich kann hierunter nicht unsere Disputation gemeint sein, die nach allen Berichten im kgl. Schlosse vor dem König und der Königin drei Tage lang statt fand.

nommen, daß bei einer Disputation in Clüny, wo Kleriker und Laien, Juden und Christen zugegen waren, ein Edelmann die Disputation mit der Frage begann, ob der Rabbiner an die unbefleckte Empfängniß glaube. Als dieser dies natürlich verneinte, hob der seines Königs würdige Ritter den Stab auf, und schlug den Juden hinter das Ohr, daß ihn seine Glaubensgenossen von Blut bedeckt hinaustragen mußten. Damit war jene Disputation zu Ende. Bei unserer Disputation, bei welcher der König und die Königin, die Erzbischöfe und Bischöfe von Paris, Sens und Senlis, der Kanzler Odo und viele Geistliche und Edelleute zugegen waren, und das nach Art der Turnier in einem der königlichen Schloßhöfe [1] abgehalten wurde, ging es natürlich würdiger her, und gegen die Absicht der Veranstalter derselben wurde, vielleicht das einzige mal in ganzen christlichen Mittelalter, ein Jude frei und ungezwungen über seinen vielgeschmähten Glauben vernommen. Die Juden waren über die Absicht des Königs nicht recht unterrichtet, sie waren in das Schloß beschieden, ohne zu wissen, warum. Natürlich ahnten sie nur Schlimmes, und als man sie aufforderte, ihren Talmud zu vertheidigen, [2] gingen sie gewisser Maßen beruhigt nach Hause, denn darauf machten sie keinen Anspruch, ihre Bedrücker von der Wahrheit ihrer Religion zu überzeugen.

Nur vier Männer, die uns auch sonst als Stützen des Talmuds, als Autoritäten der Tosaphistenschule bekannt sind, übernahmen das schwierige Werk, den Talmud zu vertheidigen, vor einem solchen Publikum zu vertheidigen. Es waren dies Rabbi Juda ben David, Rabbenu Samuel ben Salomo, Rabbi Moses aus Conci und Rabbi Jechiel, der erlösende Engel, [3] wie ihn die hebräische Quelle nennt.

---

[1]) בחצר גינת ביתן המלך.

[2]) וכל היהודים אחור נסגו (ibid).

[3]) המלאך הגואל.

Ueber die beiden Haupthelden der Disputation, über den Convertiten Nicolaus, der als **advocatus diaboli** auftrat, und Rabbi Jechiel ben Joseph von Paris, wie er gemeinhin nach seinem Wohnsitze genannt wird, sind uns nur wenig Einzelheiten bekannt.

Jechiel, aus Meaux gebürtig,[1]) bestieg den pariser Lehrstuhl und übernahm das Amt eines ersten pariser Rabbiners nach seinem Lehrer Sir Leon zu einer stürmischen Zeit, da die maimunischen Lehren Vertheidiger fanden, die nichts weniger als dessen reine Lehre und Moral zu ihrem Vorbilde machten, und Gegner, die um Maimuni's rationeller Auslegeweise zu begegnen, zum crassesten Buchstabendienste und zur blasphemirenden Verkörperung Gottes ihre Zuflucht nahmen. Ob sich Jechiel direkt dem im Jahre 1232 von Salomon von Montpellier und seinen Jüngern gegen alle Maimunisten ausgesprochenen Banne angeschlossen hat, weiß man nicht positiv. Graetz vermuthet es.[2])

Wenn dies in der That der Fall ist, wenn er den Bann verhängt hat über alle Jene, „die sich mit irgend einer Wissenschaft außer Bibel und Talmud beschäftigen, über diejenigen, welche den schlichten Wortsinn der Schrift umdeuten und welche die Agada anders auslegten, als Raschi es gethan,"[3]) dann mußte er diesen Bann schwer büßen, und später in der Uebertretung desselben in jedem einzelnen Punkte sein Heil suchen, sein Heil und das Heil von ganz Israel.

In seiner Disputation verrieth er eine genaue Kenntniß der Evangelien, zwei Mal citirt er den Kirchenvater Hieronymus[4]),

---

[1]) Secundum eos peritissimus et per totum famosissimum Judaismum nomine Vivo Meldensi.
[2]) Geschichte VII 47.
[3]) Das. 46.
[4]) Eigenthümlich genug wird er in unserem MS. unter dem Namen הקדוש

durch Rabbi Jechiel ben Joseph vor Ludwig dem Heiligen in Paris.

er erklärte, daß es Jedem frei stehe zu glauben oder nicht zu glauben, was in der Agada des Talmuds erzählt werde, nur die Halacha sei bindend, und Raschi mußte er selbst, wenn auch indirect, als nicht unbedingt competent und unfehlbar erklären. Wie gesagt, wenn dies alles nicht umgekehrt beweist, daß Jechiel wenigstens im Stillen Maimunist¹) war, so war es eine Sühne, die das Schicksal dem an Maimuni angethanen Unrecht auferlegte.

Jechiel stand als Talmudlehrer im höchsten Ansehen, wird in unseren Tosaphot öfter citirt,²) und von Späteren mit dem Ehrennamen הקדוש beehrt.³)

Die von ihm muthig und geschickt durchgeführte Disputation hat ihn zu einem mit höherem Nimbus umgebenen Helden gemacht, und seine Antworten wurden in den verschiedensten responsorischen Werken citirt. Als in Folge der schweren Bedrückungen die französischen Juden immer mehr verarmten, als es namentlich durch Vernichtung der meisten Talmudexemplare⁴)

ירנבא citirt. Man scheint überhaupt zu dieser Zeit die katholischen Heiligen ohne Scheu bei den ihnen von den Christen beigelegten Namen genannt zu haben. In dem schon oben genannten Anhange zum Pariser Wikuach-MS. übersetzt der Schreiber Johannes Baptista mit יוחנן הקדוש. Die unhebräische Wortstellung zeigt allerdings, daß es nur Uebersetzer-Treue ist, die dieses Attribut giebt.

¹) Vgl. weiter.
²) So Berachot 43 a. Ketubot 86 a. Joma 18 b.
³) Kol-bo 222 bei Zunz: Zur Geschichte und Literatur 326.
⁴) Trotz der großen Wachsamkeit der Feinde gelang es nicht, Alle zu vernichten. So besitzt die Pariser Nationalbibliothek ein vollständiges Elsaß-Exemplar (und die Mischna war ja auch verpönt), das im Jahre 1217 geschrieben und in den folgenden Jahren mit Anmerkungen versehen ist. Diese Handschrift, welche Hebr. Nr. 222 Sorbonne trägt, hat als Nachschrift von einer Etwas jüngeren Hand ein Verzeichniß der palästinensischen Städte, in denen die Patriarchen, Propheten und großen Rabbinen begraben liegen. Das Verzeichniß beginnt mit den Worten: אלו סימני כהבי הקברות אשר הביאם ר' יעקב שלוחו נאמן מהרב רבינו יחיאל מפריש אשר יש לו בישיבתי שלש מאות הלמידים והלך (!) בא בבל גלילי ארץ ישראל ובעמו ובבל שאר גליות להוליך נדבה גדולה למדרש הגדול דפריש. So hart auch die Construction ist, so geht doch daraus hervor, daß Jechiel

schwer wurde in demselben zu forschen und zu lehren, begab er sich nach Palästina, wo er auch starb. Sein Grabmal wurde von Verehrern noch spät besucht.¹) Seine Schule zählte selbst zu den harten Zeiten der Verfolgung über 300 Schüler.²)

Sein Gegner, der giftige Apostat Nicolaus aus Rupella, war höchst wahrscheinlich ursprünglich Maimunist. Ein großer Theil seiner Anklagen gegen den Talmud, besonders aber die unter den Titeln **blasphemiae in deum** und **stultitiae** zusammengefaßten Punkte sind übertriebene Klagen, die gegen die beschränkte Auffassung der Antimaimunisten eine gewisse Berechtigung hatten.

Fällt doch der neueste jüdische Universalhistoriker über diese Schule folgendes düstere Urtheil:

„Für Salomo von Montpellier waren nicht blos die religionsgesetzlichen Bestimmungen des Talmud, sondern auch die agadischen Aussprüche in ihrer nackten, anstößigen Buchstäblichkeit unumstößliche Wahrheiten, an denen zu mäkeln schon Ketzerei sei." Er und seine Genossen dachten sich die Gottheit mit Augen, Ohren und anderen menschlichen Organen versehen, sitzend im Himmel auf einem erhabenen Throne, umgeben von Dunkelheit und Wolken. Das Vorhandensein von bösen Geistern, ließen sich die Rabbinen dieses Schlages durchaus nicht nehmen." ³)

Die höhnische Weise, in welcher Nikolaus in der Disputation von der Hochachtung spricht,⁴) die man vor Raschi habe, bestätigt, glauben wir unsere Behauptung, daß Nicolaus als Maimunist in den Bann gethan wurde.

---

ein Lehrhaus von 300 Jüngern hatte, und daß ein Sammler **Jakob** Gelder für dasselbe gesammelt hat.
¹) Histoire littéraire de la France a. a. O., Zunz a. a. O.
²) Die Not. oben und Resp. des R. Meïr Rothenburg Nr. 250.
³) Graetz Geschichte der Juden VII, 45.
⁴) Wikuach: רש״י גדול היה ובקי ובו האמנתם יותר ממשה רבכם.

durch Rabbi Jechiel ben Joseph vor Ludwig dem Heiligen in Paris.

Dieser Bannstrahl traf Nikolaus, der als Jude den Namen Donin oder Donnin führte¹), zweifellos schon im Jahre 1224²), doch scheint ihn erst die Verbrennung der maimunischen Schriften und das rücksichtslose Vorgehen gegen seine Lehren zur Rache getrieben zu haben. Im Jahre 1236 taufte er sich, um aus dem christlichen Lager seine Angriffe wirksamer gegen das ihn verstoßende Judenthum richten zu können. Wie Lewin richtig schließt, scheint er in den Franziskanerorden eingetreten zu sein. Wenn wir aus einigen spärlichen Andeutungen bei jüdischen und christlichen Schriftstellern richtig schließen, konnte er seinen Oppositionsgeist auch im Christenthume nicht verleugnen und wurde im Jahre 1287 wegen einer subordinationswidrigen Schrift verurtheilt.³) Die Anklagen gegen Nikolaus, als habe er Schuld an dem Judengemetzel und den falschen Beschuldigungen des Jahres 1236 ist denn doch nicht hinlänglich bewiesen.⁴)

V.

Die ersten zwei Disputationstage. Jechiels Antworten.

Von den vier Rabbinen, die bereit, ihren Talmud zu ver-

---

¹) ונקרא שמו ניקולש הכין ימות ויחלש, וכראשית היה שמו דונין לא יהיה לו נין.

²) אשר כפר בדברי הכמים זה בן שנה.

³) Die Notiz im Briefe Rabi Jacob's von Venedig an Fra Paolo: אשר הביר חקי ד' ותהרותיו וג ב דה דוכה לא היה מאמין deutet vielleicht das oben erwähnte Factum an, von welchem ein Spezialschriftsteller des Franziskanerordens sagt: Nicolas. . . . auteur d'un ecrit publié en 1279 contre l'éclaircissement de la règle de frères mineurs par le pape Nicolas III et condamné en 1287 par Matthieu d' Acquasparta général de l'Ordre. (Histoire Litéraire de la France XXI Bd. Ste. 293).

⁴) Graetz ist von dieser Meinung zurückgekommen — Lewin hat sie wieder aufgenommen.

theidigen, im Schloßhofe geblieben waren, wurde Jechiel zuerst vorgenommen,[1]) die anderen Drei wahrscheinlich, wie Jechiel selbst zwischen dem ersten und zweiten Disputationstage, in Gewahrsam gebracht, damit sie sich nicht über die Antworten verständigen könnten.[2])

Während daheim die Juden in ihren Synagogen beteten, und nach schöner, alter jüdischer Sitte durch Beschenkung der Armen sich Gottes Gnade würdig zu zeigen suchten, trat Jechiel muthig vor die Versammlung der Großen, um den angegriffenen Talmud zu vertheidigen. Nicolaus hatte bereits als Ankläger unter den berufenen Richtern Platz genommen, vor sich die vier dicken Bände des Talmuds. Mit einer wichtigthuenden Feierlichkeit zeigt er Jechiel den Talmud und frägt ihn, ob er an die Göttlichkeit dieses Buches glaube. Daß die Untersuchung auf Anordnung des Papstes vorgenommen und nicht ein Willkühract Ludwigs sei, erfährt Jechiel erst jetzt, da er gegen die ganze Disputation protestirt, und vielleicht mit Hinsicht eines früheren den Juden freundlichen Actes Gregors[3]) die Angelegenheit lieber vor den Papst selbst bringen will.

„Die Sache ist auf seinen Befehl angeordnet", antwortet man ihm kurz.[4])

---

[1]) ויקרא מתחלה הרב ר' יחיאל לבדו.

Statutaque itaque die nobis vocatisque peritioribus Judaeorum magistris coram se citatis, coeperunt inquirere super praemissis veritatem et primum introductus est . . . Vivo Meldensis. Im Wikuach werden nur die Antworten Jechiel's mitgetheilt, am Ende aber gesagt: ואחריו הובא רבינו יהודה זצ"ל בן רבינו דוד כיום ד' . . . ויען ברוח שכל.

[2]) ibid.: והימים האלה היה כמשמר כד לבלתי יגיד לריעין מענה פיו.

[3]) Grätz VII, 101, 102.

[4]) Wikuach: ויאמר הרב . . . אך בטרם אקראם למשפט לפני האפיפיור ויאמרו הגלחים דבר על ידו. Diese letztere Stelle ist von Lewin übersehen oder anders aufgefaßt worden. Damit widerlegt sich auch, was Lewin von einer früheren Citation der Juden erzählt, wo diese den von Nicolaus angeführten Stellen einen anderen Sinn untergelegt hätten. Die betref-

durch Rabbi Jechiel ben Joseph vor Ludwig dem Heiligen in Paris.   27

Es scheint, daß man die Anklageartikel zuerst in ihrer Gesammtheit vorlas, denn vor der eigentlichen Disputation über die einzelnen Punkte weist Jechiel in einer allgemein gehaltenen Auseinandersetzung sämmtliche Anklagen zurück.

Schon durch die Erklärung Jechiels, daß die halachischen Theile vollständig bindende Norm seien, die agadischen Theile aber geglaubt werden dürfen oder nicht,[1]) wären die meisten Anklagepunkte hinfällig geworden. Die Agada dient seiner Erklärung nach nur zur rhetorischen Ausschmückung und zur poetischen Genießbarmachung des sonst zu trockenen Halachastoffes?[2]) Ein späterer christlicher Schriftsteller verglich die agadischen Theile des Talmuds geistreich der Melodie, mit welcher die Griechen und Römer ihrer Jugend das Studium der für sie trockenen Klassiker zu versüßen pflegten.[3]) Um nicht falsch verstanden zu werden, als glaube er selbst nicht an die Wunder, die im Talmud berichtet werden,[4]) weist er einfach auf die Bibel hin, die den Wunderglauben ebenfalls verlange und durch scheinbare Widersprüche die talmudische Auseinandersetzung geradezu erheische. Mit dieser Bemerkung ist die einleitende Generaldebatte geschlossen, und man tritt in die Spezialdebatte über jeden ein-

— —

fende Stelle spricht von der großen Disputation und ist oben von uns aus dem lat. Ms. mitgetheilt worden.

[1]) ib.: ויש בהם דברי פלא להאמין, לכופר לאפיקורוס ולמין, ולואה הוצרכתי להשיבך, אם ירצה האדם אותם, יאם לא ירצה לא יאמין איתם, כי אין במשפט נדחה על פיהם.

[2]) ibidem: ויש בהם דברי אגדה להמשיך לב האדם להבין המליצה.

[3]) Basnage histoire des juifs l. c.

[4]) Auf diese seine Behauptung: כי חכמי התלמוד לא כתבו מאומה רק דברים כנים ואמתים muß er großes Gewicht gelegt haben, denn sie und die Weigerung Jechiels zu schwören, ist das Einzige, was uns unsere Handschrift über die Antecedentien der Disputation im Angesichte des Auditoriums erzählt: Praedictus magister Vivo nullo modo voluit jurare. dixitque: Liber Talmut nunquam mentitus est. (Einleitungsworte zu Confessio facta in judicio.)

zelnen der Anklagepunkte. Nikolaus hat die Zeit seit seinem Aufenthalte in Rom wohl benutzt, er hat das weite Gebiet des Talmuds noch einmal durchforscht, und manche neue Stelle gefunden, mit welcher er die Verdammungswürdigkeit des Talmuds nachzuweisen dachte.

Jechiel verlangt jedes Mal den genauen Nachweis aus dem Talmud und Nikolaus, der sehr sorgfältig den Talmud durchsucht hat, bleibt den Stellenbeleg nicht schuldig. Nur einmal bei der Stelle: „den Besten unter den Heiden soll man todtschlagen", gesteht Nicolaus ein, die Stelle dem Raschicommentare zum Pentateuch entnommen zu haben, ohne zu wissen, wo sich dieser Ausspruch im Talmud finde.

Was die Sprache betrifft, in welcher die Disputation stattfand, so haben wir alle Ursache anzunehmen, daß es die lateinische war. Außer der einen Stelle, wo Nikolaus sein Talmudcitat absichtlich **französisch** verliest, um es recht grell leuchten zu lassen [1]), spricht der Anhang unseres Wikuach-Manuscripts deutlich für diese Behauptung. Dort sind, wie wir bereits oben erwähnten, eine große Anzahl von Versen aus der heiligen Schrift und den Evangelien in lateinischer Sprache mit hebräischen Buchstaben mitgetheilt „**um den Christen zu antworten.**" Die lateinische Sprache war also auch bei Disputationen mit Juden die gewöhnliche Gelehrtensprache. Daß die anwesenden Höflinge und selbst die Königin das Lateinische verstanden, ist wohl nicht zu verwundern, wenn man bedenkt, daß sämmtliche öffentliche Akten in dieser Sprache abgefaßt wurden.

---

[1]) **Allein** wäre dies kein Beweis, da die Verhandlung sehr wohl in französischer Sprache hätte Statt haben können, während die Citate aus dem aufliegenden Talmud (vgl. oben) in hebräischer Sprache oder aus den Talmudexcerpten der Anklageartikel in lateinischer Sprache verlesen wurden. Nur an der erwähnten Stelle hätte dann Nicolaus auch das Citat französisch gelesen. Doch glauben wir aus dem oben angegebenen Grunde an die lateinische Disputationssprache.

Zu Beginn der Spezialdebatte verlangt Nicolaus, der bestrebt ist, Alles so feierlich wie möglich zu veranstalten, einen Eid, daß Jechiel auch nur die reine Wahrheit sagen werde. Das weist dieser aber mit der entschlossensten Entschiedenheit und unter Berufung auf Recht und Brauch zurück, so daß es ihm endlich erlassen wird. [1])

Nach einer Verhandlung über den Glauben an die Autorität des Talmuds, in welcher Jechiel aus mehreren Talmudstellen beweist, [2]) daß der Talmud selbst die Thora verdrängen dürfe, daß man z. B. am Sabbath nicht Schofar blase, und Lulaw nehme; behauptet, daß das Judenthum ohne Talmud nicht existiren könne; nachdem ferner noch über eine den anwesenden recht lächerlich scheinende Verordnung talmudischer Jurisdiction disputirt wurde, kommt man zu der schwersten Anklage, den angeblichen Verhöhnungen gegen Jesus und seine Mutter Maria, die im Talmud enthalten sein sollten.

Die Verlesung der incriminirten Stellen [3]) hatte begreiflicher Weise große Aufregung in das Auditorium gebracht, Nicolaus war seines Sieges vollkommen sicher. Nur die Gegenwart des Königs und der Königin verhüteten eine blutige That von Seiten der anwesenden Ritter, die den Mariendienst in mystisch-schwärmerischer Weise über Alles in der Welt hochhielten.

Jechiel ist von diesem Sturme nicht berührt.

Ein schweres Argument bringt er gegen diese Anklagen vor, ein Argument, scharfsinnig und vernichtend, wenn auch nicht wahr.

„Der Jesus, um welchen es sich handelt, ist ein ganz Anderer, die Maria nicht, die von Euch verehrte. Darf ein Verbrecher,

---

[1]) Vgl. oben.
[2]) Carmoly hat dies nicht belegt, Lewin konnte es daher nicht als bewiesen annehmen, in der »Confessio in judicio facta« aus den Extractiones de Talmut am Ende dieser Arbeit findet man die betreffende Stell: im Urtext.
[3]) Synhedrin 64b. Bei Lewin erschöpfend dargestellt.

der zufällig den Namen Louis führt, nicht hingerichtet werden, weil unser König diesen Namen führt und später mit diesem verwechselt werden könnte?"

Es war dies kein jesuitisch, selbstbelügendes Aushilfsmittelchen, es war dies die volle Ueberzeugung Jechiels, und in der Talmudschule, der er vorstand, muß er es früher schon so gelehrt haben. Historische Verstöße und Irrthümer sind manchmal von den Tossafisten begangen worden, und die Antwort und ihre haarspaltende Begründung entspricht ganz dem Tossafothtone. Die zwei Geschlechter, die er zwischen dem angeblich talmudischen und dem christlichen Jesus verrinnen läßt, werden i m W i k u a ch zwei Jahrhunderte angenommen, in der That erklärte Jechiel aber über diesen Jesus nichts Genaueres zu wissen.¹)

Einen Theil des Auditoriums, darunter der Königin, leuchtete dies ein, und sie glaubten Jechiel, während ein Anderer ungläubig das Haupt schüttelte und später auf diese gewichtigste Anklage wieder zurückkam.

Es scheint in der That durch diese Auseinandersetzung und durch die feierliche Erklärung Jechiels, daß unter „Goy" die Christen nicht verstanden seien, die Verhandlung eine den Juden nicht zu ungünstige Wendung genommen zu haben.

Wir werden in der Folge sehen, daß man noch einmal summarisch verhandelte und dann den Talmud erst verdammte und verbrannte.

---

¹) Daß Jechiel diese zwei Jesus nicht nur vor den Christen aufrecht hielt, und daß sie von Späteren nicht nur zur Controverse mit Solchen hervorgeholt wurden (z. B. Lipmann Nizachon 348 bei Lewin), sondern ein wirklich geglaubter Irrthum der Tosaphistenschule war, erhellt daraus, daß Juda ben David nicht anders aussagte und aus der Ausdrucksweise des Verfassers des Wikuach, der hinzufügt (in seinem Namen, i h m gehört auch der Irrthum, zwei Generationen gleich 200 Jahren zu setzen): ועוד לפי האמת לא היה זה אלהיהם und nun folgt die angebliche chronologische Begründung im eigenen Namen, die Lewin irrthümlich Jechiel zuschrieb. Jechiel selbst setzt den immaginären Jesus zur Zeit des Kaisers Titus.

Hieraus ist die Thatsache erklärt, die man bisher nicht begriff, daß der Disputation nicht sofort die Verbrennung folgte.

Das Protokoll über die von Jechiel eingeräumten Irrthümer des Talmuds, welches wir seiner Wichtigkeit halber am Ende dieser Arbeit, nach dem pariser Mj. mittheilen, behauptet nicht, daß in betreff der beiden wichtigsten Anklagepunkte der blasphemiae in Christum, und in homines Positives nachgewiesen worden sei, und muß sich begnügen die errores und stultitiae, die Jechiel einräumte, d. h. die er nicht bestritt, ausführlich aufzuzählen.

Wahrscheinlich ist hieraus auch zu erklären, daß nach Jechiel nur noch ein Rabbiner Juda ben David verhört wurde.

Da die Talmudmaterie in den Tossafistenschulen nach allen Seiten discuttirt wurde, und es keinen Punkt in den erörterten Büchern gab, worüber man nicht mit Fragen und Antworten Licht gebreitete, bis eine endgültige Auffassung geschaffen wurde; so darf man sich nicht verwundern, daß Rabbi Juda ben David am dritten Tage der Disputation — die ersten zwei waren Jechiel gewidmet — selbst da, wo das Haupt der pariser Schule sich im Irrthume befand, dasselbe antwortete wie Jechiel.

Ein ferneres Verhör schien daher unnütz oder fruchtlos.

Da ein großer Theil, wie gesagt, überzeugt war, konnte über diesen Punkt nur Folgendes in's Protokoll aufgenommen werden: „Der Rabbiner Jechiel sagte und gestand ein, daß „Jesus Nozeri, Jesus der Sohn Maria, am Rüsttage des Pes„sachfestes gehängt wurde, daß er aus Ehebruch entstammt sei „und zu Titus Zeiten gelebt habe, doch behauptete er, daß dies „ein anderer als unser Jesus sei. Doch wußten sie nicht zu „sagen, wer er gewesen sei, woraus hinlänglich erhellt, daß er „gelogen habe.[1])"

---

[1]) Vgl. Anhang II.

Das Letztere ist ein persönlicher Herzenserguß des Schreibers, den dieser bei den Antworten Juda's nur in Parenthese zu setzen wagt.¹)

Nebst den Anklagen der blasphemiae in Jesum, waren die blasphemiae in homines die Talmudstellen, welche am ernstesten zur Verurtheilung führen sollte. Es wurde zu dieser Zeit den Juden ohnehin fortwährend zum Vorwurfe gemacht, daß sie gegen Christen im Handel und Wandel nicht redlich seien, und die Darlehen wurden ihnen unter dem Vorwande, sie nähmen Wucherzinsen, vorenthalten oder confiscirt. Nicolaus hatte also in schlauer Berechnung unter die Anklageartikel gegen den Talmud die Stellen aufgenommen, die gegen die Heiden feindlich sind und den Ausdruck Goy, Heide, mit Christ übersetzt.

Wir haben oben gesehen, welch' schwere Verbrechen den Juden nach den päpstlichen Anklageacten gegen die Christen nach dem Talmud gestattet sein sollten. Nicht nur im Handel und Wandel wäre ihnen jede Uebervortheilung Andersgläubiger gestattet,²) nicht nur wären ihre Schwüre null und nichtig,³) nicht nur hätten sie eine niedrige Meinung von ihrer Sittlichkeit,⁴) das schwerste Verbrechen, den Mord, gestatte der Talmud.⁵)

Die Folge dieser talmudischen Anschauung sei eine vollständige Nichtachtung Andersgläubiger, Enthaltung vom Verkehre mit ihnen, und der niedrigste Verdacht, der auf dieselben gewälzt werde.

Mit überzeugender Beredsamkeit weist Jechiel in seiner Antwort nach, daß unter Goy nicht die Christen verstanden sein können, und daß der tägliche Verkehr mit denselben ja deutlich genug beweise, daß die Juden von ihnen nicht in der angegebe-

---
¹) Vgl. das folgende Kapitel und Anh. III.
²) Baba kama 37 b. 48 a. Synhedr. 76 b. Aboda Sara 20 a.
³) Nedarim 63 b.
⁴) Aboda Sara 22 a.
⁵) M. Sopherim p. 15.

nen Weise dächten. Unter den „Heiden" seien lediglich die in
die crassesten Entsittlichung versunkenen Kanaaniten und Aegypter
verstanden, daß aber selbst gegen diese Nationen nur im Kriege
und selbst da erst nach Aufforderung zur Ergebung, das Tödten
gestattet sei.

Auch in diesem Punkte war die Disputation von keinem
positiv ungünstigen Resultate.

Das Protokoll sagt ausdrücklich: Magister Vivo versteht
all diese Verordnungen und Gesetze gegen die „Gojim" nicht
von den Christen. Der Schreiber erleichtert sein Gewissen allerdings mit dem Stoßseufzer: Glaube ihm, wer wolle, (also man
glaubte ihm!), er hat doch gelogen.

Im ferneren Verlaufe der Debatte, die am ersten Tage wegen
der vorgeschrittenen Zeit abgebrochen werden mußte und Diens-
tag den 26. Juni fortgesetzt wurde, feierte Nicolaus billige
Triumphe.

All' die stultitiae und blasphemiae in Deum, die in den An-
klageartikeln aufgezählt wurden, und die Nicolaus aus dem Talmud belegte, wurden im Protokolle als erwiesen und von Jechiel
eingestanden aufgezählt.[1]

Wie uns der Wikuach belehrt, ergab sich Jechiel nicht einfach
auf Gnade und Ungnade, sondern versuchte der Agaba einen
allegorischen, oder homiletischen Sinn unterzulegen, da er aber
zu Anfang der Disputation erklärt hatte, persönlich an den Ge-
sammtinhalt des Talmuds zu glauben, ohne daß dies Pflicht der
Anderen sei, so mußte er sich es gefallen lassen, daß die „Irrthümer und Thorheiten" als erwiesen betrachtet wurden, und
daß bei der späteren endgiltigen Verurtheilung des Talmuds, da
er wahrscheinlich nicht mehr in Paris war, seine Autorität für

---

[1] Das Ausführlichere über die schönen Antworten Jechiels betreffs der
Humanität des Judenthums, das den Andersgläubigen die Seligkeit zuge-
stehe, wenn sie die sittlichen Grundgesetze beobachten, hat Lewin in seiner
Arbeit auseinandergesetzt.

diese Irrthümer vom Kanzler Odo gegen die Juden angeführt wurde.

Diese „Thorheiten", die im weiteren Verlaufe der Disputation erwähnt wurden[1]), betreffen außer den oben unter den Anklagepunkten angeführten, die Meinung, daß Gott am sechsten Schöpfungstage Livjatan eingesalzen und Wein aufbewahrt habe, den er den Gerechten einst vorsetzen werde, daß Gog Magog einen Stein so groß als Palästina auf dem Kopfe getragen hätte, um die Israeliten mit demselben zu erdrücken, daß Ameisen denselben aller durchfressen hätten, so daß er Gog auf den Hals fiel. In diesem Zustande hätte Mose Gog dann getödtet. Die Erzählungen von dem wunderbaren Vogel Bar Jochni, von der List Josua ben Lewi's gegen den Todesengel, so daß er noch lebe, von der Doppelköpfigkeit Adam's, von dem aus Zunge und Senf bestehenden Mahle der drei Engel bei Abraham, setzte Nicolaus mit geflissentlicher Breite auseinander. Und als er seinen Zweck erreicht hatte, als alle Anwesenden in lautes unbändiges Lachen ausbrachen,[2]) da erzählte er noch zum Schlusse, daß Metatron dem Allmächtigen die Tephillin aufs Haupt lege, um daraus die Folgerung zu schließen, daß ein solches Buch verbrannt werden müsse.

Daß Nicolaus mit dem Resultate der Disputation nicht zufrieden war, erhellt jetzt auch aus dem Argumente, das er für die Verbrennung des Talmuds durch ein christliches Tribunal aus dem heidnischen Römerthum holt. Vespasian habe die Thora verbrennen lassen, zu Zeiten Rabbi Juda ben Baba's habe man die Ordination bei Todesstrafe verboten und Chanania ben Tradion sei mit der Thora verbrannt worden. Die Antworten Je-

---

[1]) Lewin kannte diesen folgenden Theil des Wikuach nicht.
[2]) Wit.: ויקומו כל הגמרחים לצחק על דברי אלהים חיים ויבו ב"ע כף.

chiels, die stets vom humanen Standpunkte ausgehen, haben diesmal durchaus kein Glück, denn seine Beweisführung, für diese Wunder aus ähnlichen Wundern in der heiligen Schrift rauben seinen Allegorien, die er den Erzählungen von Gott unterlegt, jeden Glauben.

So schön auch seine Auseinandersetzung ist, daß Salomo im Tempel auch für Andersgläubige gefleht habe, seine Folgerung, daß die vier Ellen, die sich Gott vorbehalten habe, um im Gesetze zu forschen, den Raum eines Menschenkörpers bedeuten, und sagen wollen, daß Gott auch nach Zerstörung des Tempels überall sich niederlasse, wo ein Mensch (vier Ellen) im Gesetze forscht: Jechiel stellte diese allegorischen, sinnreichen Auslegungen nicht als alleingültige Norm hin, und man glaubte ihm nicht.

Der agadische Theil des Talmuds wurde als unzählige Irrthümer enthaltend betrachtet.

Doch lag der Zweck der Disputation nicht auf diesem Felde, gegen Jesus und die Christenheit sollte der Talmud aufreizen und zu gerne hätte man nachgewiesen, daß Jechiels Ansichten hierüber nicht die allgemeinen seien.

Man führte ihn daher in's Gefängniß zurück, damit er Niemandem über seine Aussagen Mittheilungen machen könne und setzte auf den folgenden Tag, Mittwoch den 27. Juni, das Verhör des folgenden Rabbinen Juda ben David fest.

Das Resultat dieses dritten Disputationstages theilen wir im folgenden Kapitel mit.

VI.
Dritter Disputationstag. Juda ben David's Antworten.

Juda ben David aus Melun,¹) der zweite Vertheidiger des Talmuds vor der französischen Versammlung, wahrscheinlich Lehrer des berühmten R. Meir von Rothenburg, war zur Erklärung der an den vorigen Tagen nicht klar gewordenen Punkte berufen. Die hebräische Quelle weiß von ihm nur zu erzählen, daß er am Tage nach Jechiel „mit Vernunft und Einsicht antwortete."

Die einzigen, bisher nirgends mitgetheilten, Nachrichten über die Disputation des Mittwoch sind uns in der pariser HS. **Extractiones de Talmut** in dem bereits erwähnten Capitel: **Confessio in judicio facta** erhalten. Natürlich beantwortet dies endgiltig die bisher aufgeworfenen Zweifel, ob außer Jechiel noch Jemand thatsächlich disputirte.

Da die stultitiae als von Jechiel eingeräumt angesehen wurden, so handelte es sich zunächst um die Ansicht Juda's über die Jesuserzählungen im Talmud. Da diese Stellen, wie wir bereits oben bemerkt, der öffentlichen Erörterung in den Tossaphotschulen nicht entgangen sein können, so darf man sich nicht verwundern, daß Juda fast wörtlich wie Jechiel antwortet. Er giebt zu, daß der Jesus und die Maria, die im Talmud geringschätzend behandelt werden, überall dieselben seien; daß dieser Jesus am Rüsttage des Osterfestes, an einem Freitage gehängt worden sei, beruft sich auf Raschi und Rabbenu Tam als Gewährsmänner hierfür, und versucht dann denselben Beweis, den Jechiel gestern erbracht, für die Behauptung, daß dieser Jesus mit dem Stifter der christlichen Religion nicht identisch sei. Ja David scheint, wie aus der Abfassung des Protokolls hervorgeht, diesen Beweis einleuchtender gemacht zu haben.²)

---

¹) Vgl. Graetz VII, 155 und Lewin a. a. O.
²) Vgl. Anhang III.

Außer diesen Fragen betreffs Jesu, welche Juda in gleicher Weise wie Jechiel beantwortete, wurden ihm die wichtigsten Anklagepunkte vorgelegt, und Nicolaus wußte auch noch manch neue Talmudstelle vorzubringen, die das Anklagematerial mehr häufen sollte.

So mußte Juda zugeben, daß im Talmud erzählt werde, Rabbi Nathan habe Elias nach einer Disputation getroffen, und dieser habe ihm erzählt, wie Gott darüber gelacht habe, daß die Juden dem Bas-Kol nicht glauben wollten.

Eine wichtigere Aussage Juda's, wieder in Uebereinstimmung mit Jechiel ist, daß er erklärte, der Talmud sei nur in halachischer Beziehung bindende Norm, und daß die Agada geglaubt werden könne oder auch nicht. Der Talmud sei für die Juden religiöses Lebensbedürfniß und schon die alten Lehrer stellten die Worte desselben über die der Lehre; denn in der geschriebenen Lehre seien zahlreiche Widersprüche enthalten, die man nur mit Hilfe des Talmuds lösen könne. Ja die geschriebene Lehre sei entbehrlicher als der Talmud, da dieser wohl jene enthalte, nicht aber umgekehrt.

Raschi und Rabenu Tam, die Nicolaus gegen ihn ins Treffen geführt hat, werden von ihm selbst zur Vertheidigung angeführt und er beweist aus ihnen, daß das Judenthum ohne Talmud unmöglich sei, Beweise, die später vom Papste Innozenz selbst als stichhaltig anerkannt wurden.

Nachdem auf diese Weise die Aufrichtigkeit der Aussagen des Rabbi Jechiel erwiesen war, scheint auf die fernere Verhörung der anderen zwei Rabbinen verzichtet worden zu sein. Die jüdische sowohl als die christliche Quelle wissen nur von den Aussagen der beiden Rabbinen Jechiel und Juda zu berichten, trotzdem sie beide mehrere Rabbinen als zur Aussage berufen, bezeichnen.

Namentlich Jechiel scheint sich mit großer Beredsamkeit seiner Aufgabe entledigt zu haben, und die beiden ihm gewidmeten Tage gaben der Angelegenheit eine für den Augenblick günstige Wendung.

Was war auch den Juden nachgewiesen worden?

Daß ihr Talmud „Thorheiten" enthalte; die Lästerungen gegen Jesus und die laxe Moral im Verkehre mit den Christen, konnte nach den übereinstimmenden Aussagen zweier Autoritäten, die man von einander abgeschlossen hatte, damit sie sich nicht verständigen könnten, nicht als erwiesen betrachtet werden.

So wenig man also bisher der jüdischen Quelle Glauben beimessen wollte, als seien die Juden aus dem dreitägigen Kampfe siegreich hervorgegangen, wird man sich nach dem Gesagten um so leichter dazu verstehen, als es bisher noch nicht erklärt wurde, warum der Disputation nicht sofort die Verbrennung folgte.

Das Resultat der öffentlichen Disputation war, da die Feinde des Talmuds nicht so leicht nachgaben, eine weitere Untersuchung, die jetzt langsam und schleppend betrieben wurde, weil ihr durch die Disputation viel an Halt verloren gegangen war.

Welchen Eindruck die Disputation auf Ludwig den Heiligen gemacht hat, können wir aus einer von ihm gethanen Aeußerung schließen, daß Edelleute, die in Mitten einer jüdischen Disputation den Saal verlassen hätten, in ihrem Glauben wankend geworden seien.[1]

---

[1] Jehan de Joinville a. a. O.

VII.
Folgen der Disputation.

Zu einer sofortigen Verurtheilung oder gar Verbrennung des Talmuds konnte es also nicht kommen, wenn nicht die letzte Spur von Gerechtigkeitsgefühl, oder doch dem Bestreben, den Schein zu bewahren, abhanden gekommen war.

Doch wurden die confiscirten Talmudexemplare noch nicht herausgegeben. Auf die Vorstellung der Juden, auf Verwendung des Erzbischoffs Walther von Sens,[1]) und endlich, da der König selbst zu dieser Meinung hinneigte, sollten den Juden ihre Bücher wieder herausgegeben werden und wurden es wohl auch theilweise.

Da sah der König in dem plötzlichen Tode des Hauptvertheidigers der Juden ein drohendes Vorzeichen und ließ am 6. Juni 1242 (Freitag חקת 'פ) vierzehn Wagenladungen von Talmudexemplaren verbrennen.

Welch' Jammer und welch große Trauer hierüber in den Häusern der Juden herrschte, kann man sich leicht vorstellen.

Die Trauerode Rabbi Meir's von Rothenburg auf dies Ereigniß, welche in den Gebetritus des 9. Ab aufgenommen wurde, giebt davon eine lebhafte Probe.

Aber noch war kein endgiltiges Urtheil gesprochen. Noch wußten die Juden einige, wenige Talmudexemplare zu behalten oder sich von bestechbaren Beamten zu verschaffen. Um auch diese wenigen Exemplare zu vernichten, wurden wiederholte Haussuchungen bei den Juden veranstaltet und Odo, der eifrigste Talmudverfolger von Anbeginne der Angelegenheit, wußte mit einem neuen Scheiterhaufen zu drohen

Die Juden wandten sich an den Papst Innozenz IV und wiederholten ihm all' die früher umsonst vorgebrachten Argumente; der Papst schrieb denn in der That nach Paris, man

---

[1]) Ausführlich nachgewiesen bei Graetz Gesch. d. J. VII Note 5.

solle den Juden ihre Bücher, soweit sie nicht für das Christenthum gefährlich seien, herausgeben, da sie ohne dieselben nicht im Stande seien, ihre Religion zu befolgen. Aber unter dem Vorwande einer nochmaligen, genauen Prüfung behielt Odo die Talmudexemplare zurück, und erst im Mai 1248 wurde den Juden das definitive Urtheil ausgefertigt, daß der Talmud für immer verboten sei. Eine königliche Ordonnanz bestrafte die Zuwiderhandelnden mit Verbannung und Vermögensconfiscation.

Das verhängnißvolle Urtheil gegen den Talmud glauben wir hierhersetzen zu müssen, trotzdem es bei Quetif und Ekhard[1]) aus unserem Ms. schon veröffentlicht wurde.

Wie Recht Nicolaus hatte, als er voraussetzte das Judenthum durch Vernichtung des Talmuds ernstlich schädigen zu können, hat schon die nächste Folge gezeigt. Frankreich, der Sammelplatz jüdischer Gelehrten, verstummte plötzlich in der talmudischen Literatur, um nie wieder eine Rolle zu spielen.

Das Schriftstück über die Verdammung des Talmuds lautet:

Im Namen des Vaters des u. s. w.

Nachdem uns auf apostolischen Befehl von den Lehrern der Juden des Königreiches Frankreich einige Bücher ausgeliefert worden sind, welche Talmud genannt werden, und welche wir eingesehen, und durch verläßliche und in solchen Dingen erfahrene, gottesfürchtige, eifrige Männer, christlichen Glaubens haben sorgfältig prüfen lassen.

Weil wir gefunden, daß sie unzählige Irrthümer, Mißbräuche, Gotteslästerungen und Niederträchtigkeiten enthalten, welche der Scham der Berichterstatter und Zuhörer zum Graus sind, in Erwägung, daß die vorgenannten Bücher nach Gottes Willen ohne Beschimpfung des christlichen Glaubens nicht gelitten werden dürfen, so thun wir kund nach

---

[1]) Scriptores ordinis Praedicatorum.

dem Rathe Gutgesinnter, die wir eigens zu dieser Angelegenheit
zusammenberufen haben, daß vorgenannte Bücher nicht geduldet
werden dürfen, und den Lehrern der Juden nicht ausgefolgt zu
werden brauchen, und verdammen sie hiemit formell. Ueber die
anderen, uns von den jüdischen Lehrern nicht ausgelieferten Bücher, trotzdem sie mehrmals von uns verlangt wurden, oder über
die noch nicht untersuchten Bücher werden wir seiner Zeit und
an seinem Orte erkennen, und werden thun, was zu thun sein
wird.

Die Namen der Männer, auf deren Rath dies Urtheil
gefällt wurde, sind:
Der ehrwürdige Vater Wilhelmus von Gottes Gnade Bischof in Paris.
Acelinus Abbas Sancti Victoris — Paris.
Radulphus, ehemaliger Abbé desj. Ortes.
Lucas decanus Parisiensis.
Die magistri theologiae:
Magister Galterus cancellarius Parisiensis.
Mag. Aimericus de Veire, canonicus Paris.
Mag. Willelmus de Cravant.
Mag. Petrus dictus Arhiepiscopus.
Mag. Radulphus de Monte desirii.
Magister Stephanus archidiaconus Meldensis.
Magister Rotbertus de Coton oder Cocon.
Frater Guillelmus de Meliton de Ordine Fratrum Minorum.
Frater Joannes Pungens Asinum.
Frater Albertus Teutonicus (Albertus Magnus).
Frater Stephanus Antissiodorensis de Ordine Fratrum Pr.

Und die Magistri decretorum:

Magister Petrus Ligerii.
Magister Gaufridus Cantor Dauratensis.
Magistor Johannes archidiaconus Trecensis.
Magister Philippus archidiaconus Bituricensis.
Magister Matthaeus Guidonis de Atrabato.
Magister Guillelmus de Brajo.
Magister Richardus de Tabulis.

Maejus Girardus de Corion.
Magister Theobaldus de Divione.
Magister Henricus canonicus Remensis.
Magister Stephanus de Loriz.
Magister Petrus de Vireto.
Magister Joannes de Sulthiaco.
Magister Nicolaus de Pondearet.

Ferner die Männer:

Mag. Nicolaus archidiaconus ecclesiae Rothomagensis.
Mag. Thomas archidiaconus ecclesiae Bajocensis.
Mag. Garinus archidiaconus ecclesiae Belvacensis.
Hugo archidiaconus Bajocensis.
Magister scholarum Andegavensium.
Frater Joannes de Monte mirabili.
Frater Joannes gardianus fratrum Minorum.
Frater Oto de Romaco.
Frater Reginaldus, Carnotensis.
Frater Henricus Teutonicus.
Frater Theobaldus de Saxonia.
Frater Simon minister Sti Marturini Parisius.

Deren Siegel hiebeigedruckt sind zugleich mit dem unseren (des Odo). Gegeben im Jahre des Herren 1248 im Monat Mai.

VIII.
Anhang.

I. Der Schrift= und Briefwechsel Odos mit dem Papste ist von Quetif und Echard bereits gedruckt und von Graetz (a. a. O.) genau beleuchtet worden.

II. Jechiels Aussagen werden in unserem Mf. folgender Maßen berichtet:

Confessio facta in judicio:

Praedictus Magister Vivo nullo modo voluit jurare; dixit, quod liber Talmut nunquam mentitus est. Dixit, quod Jesus Noceri est Jesus Nazarenus, filius Miriam, Mariae, qui fuit suspensus in vespere paschae, et de illo confessus est, quod fuit de adulterio natus, et quod punitur in inferno in stercore ferventi et quod fuit in tempore Titi; dicit tamen quod alius fuit a nostro Jesu; sed nesciebat dicere, quis ille fuisset. Unde satis patet, quod mentiebatur.

Item dixit, quod solennius legunt in scholis de Talmut, quam de Biblia, nec vocaretur Magister, qui sciret Bibliam etiam corde tenus, nisi sciret Talmut.

Item dixit, quod mandatum Dei de buccinando prima die mensis septimi et de portando palmas in XV die potuerunt revocare magistri, et revocarent, si accideret in die Sabbati, ne contingeret illa die portari per viam cornu vel palmam.

Item dixit, quod est scriptum in Talmut, quod gentes, quae non steterunt in monte Sina, nec receperunt legem, pollutae sunt illa immunditia quam serpens projecit in Evam, quando coiit cum ea: et de talibus dicit Talmut, quod non sunt bestiae dimittendae cum ipsis, quia magis amabiles sunt bestiae Israël eis, quam propriae uxores, tamen magister Vivo dicit, quod non intelligit hoc de Christianis. Credat ei, qui voluerit, mentitus est).

Item concessit, quod Adam coiit cum omnibus bestiis et hoc in paradiso.

Item dixit et est in Talmut, quod Adam postquam peccavit, CXXX annis antequam genuisset Seth, de semine suo quod ventus projiciebat et rapiebat, genuit daemones, qui habent corpora.

Item dixit quod totum Talmut quantum ad praecepta, et judicia et argumenta et expositiones datum fuit Moysi in monte Sina non scripto, sed verbo in corde ipsius.

Item concessit et est in Talmud, quod Deus dicebat: »Vae mihi quod juravi, et modo quia juravi, quis absolvet me.« Et magistri dixerunt, quod Raba erat asinus, quia non responderat voci Dei sic dicens: »Solutum tibi, solutum tibi.«

Item dixit et est in Talmud Deum sibi singulis noctibus ter maledicere, quia dimisit et templum et Judaeos subdidit servituti.

Item dixit, quod est in Talmut, quod Helias propheta frequentabat scholas Rabi etc.

Item dixit, quod nullus Judaeus poenam ignis inferni numquam sentiet et nullus de eis aliqua poena punietur in alio saeculo ultra XII menses.

Item dixit, quod est in Talmut, quod omnium malorum et corpora et animae redigentur in pulverem, nec aliam poenam habebunt post hoc praeter illos, qui ita rebellaverunt contra Deum, quod voluerunt esse Dei et isti punientur in aeternum; infernus deficiet, sed infernus istorum nunquam.

Item dixit quod tres idiotae vel unus magister, qui fuit in terra promissionis, possunt absolvere a voto et juramento leviter facto, si poeniteat et non tangat alium, et etiam ex deliberatione facta, et si tangat alium, dummodo praesens ille sit. Et ponitur exemplum de Sedechia et Nabochodonozor.

Supra est. Unde ipse Dominus praecepit Moysi, quod iret et faceret se absolvi coram Jethro de juramento, quod ei fecerat, quod habitaret cum ipso.

Item dixit, quod est in Talmut scriptum, quod qui protestatur in principio anui, quod juramenta et promissiones suae non valeant illo anno, non obligabunt ipsum, si memor est dictae protestationis quando facit votum vel juramentum vel promissum. Dixit tamen, quod hoc intelligit de votis vel juramentis vel promissis factis ad seipsum et non ad alium.

Item dixit, quod est in Talmud, quod Deus quotidie exerceat studium docendo pueros et quod sedet et ludit cum Leviathan.

Item dixit, quod rogat seipsum sit voluntas coram me, quod pietates meae vincant offensam meam etc.

IX.
Die Antworten Juda ben Davids.

Magister Judas confessus est, quod scriptum est in Talmut quod filius a Chataaa (l. Sota) est filius Mariae, qui fuit suspensus in vespere Paschae in vigilia Sabati, quia ipse incitabat et sortilegiabat populum et de ipso docet glossa Salomonis Trecensis, quod ille fuit Jesus Noceri (Nazarenus) et Jacob glossator eorum dicit similiter.

Item dixit, quod est in Talmut, quod Jesus punitur in stercore ferventi in inferno, quia deridebat verba sapientium. Sed non intelligit hoc de nostro Jesu (mentitus est). Et tamen ille Jesus fuit Judaeus et fuit circa tempus Titi.

Item dixit quod scriptum est in Talmut quod Rabi Nathan invenit Heliam prophetam post disputationem Rabi Elieser contra alios, qui dixit ei, quod Deus risit tempore disputationis illius, quia noluerunt credere voci de coelo et dixit: Vicerunt me pueri mei, vicerunt me pueri mei.

Item dixit, quod credit esse verum quidquid est in Talmut, sed non facit vim nisi in his, quae pertinent ad legem (mentitus est et contra Talmud).

Item dixit quod duae sunt leges et una non potuit fieri nisi per verba sapientium et illa est Talmud et continetur in ea, quod verba sapientium magis debent servari, et majus peccatum est illa transgredi, quam legem scriptam: in lege enim scriptum est facere et non facere et non meretur mortem in illis, qui autem transgreditur verba sapientium, meretur mortem.

Item confessus est, quod in Talmud est scriptum, quod non dimmitterent pueros suos studere in biblia: Et Salomon Trecensis glossat: quia studere in Biblia abstrahit ad aliam fidem, et iste dicit quod propter hoc est, quia multa sunt ibi difficilia et obscura, quae aliter intelligi non possent nisi per Talmut.